Heinz Patt

Aikido

Hugendubel

Herausgeber der Reihe IRISIANA: Gerhard Rieman

Text: Heinz Patt und Hans-Henning Derpa
Fotos: Roger Schnapka, Heinz Patt, Katsuaki Asai (S. 9),
Nobuyoshi Tamura (S. 10)
Titelfoto: Rüdiger Worms, Bremen
Zeichnungen: Domenico Zucco, Turin
Florian Erb, Bonn
Die japanischen Schriftzeichen wurden von Prof. Yuko Sato
(Universität Bonn) gestaltet
Grafische Gestaltung: Ulrich Frings, Bonn
Fotoarbeiten: H. Puschak, München

Anschrift des Autors:
Aikido München
Heinz Patt
Müllerstr. 42
8000 München 5
Tel. 089/265887

Umschlaggestaltung: Dieter Bonhorst unter Verwendung eines Fotos
von Rüdiger Worms
Produktion: Tillmann Roeder
Druck und Bindung: Georg Appl, Wemding

ISBN 3 88034 340 3
Printed in Germany

Inhaltsverzeichnis

Ich widme dieses
Buch meinen Lehrern

Geleitwort

Es war 1971, als ich Heinz Patt zum erstenmal traf. Er war damals noch fast ein Junge. In den mehr als zehn Jahren, die seitdem vergangen sind, hat er aus Studiengründen seinen Aikido-Übungsort mehrmals wechseln müssen, von Bonn nach Berlin und von dort nach München. Wohin er aber auch gegangen ist, stets hat er mit Hingabe seine Übungen im Aikido weitergeführt. Schritt für Schritt hat er sich im Aikido wie in der Wissenschaft vervollkommnet, so daß ich wirklich großes Vertrauen in ihn setzen kann.

Ich möchte Heinz Patt zu diesem Aikido-Buch, das vor allem in die Grundtechniken einführt, von Herzen beglückwünschen und zugleich der Hoffnung Ausdruck geben, daß dieses Buch allen denen, die sich im Aikido üben, eine gute Hilfe sein möge.

Im November 1986 *Katsuaki Asai*

Beauftragter des Weltaikidobundes für Deutschland
7. Dan Aikido

浅井 勝昭

Geleitwort

Heinz Patt hat mit dem vorliegenden Band ein Elementarlehrbuch des Aikido verfaßt. Und so möchte ich, der ich mich dem gleichen Weg widme, ihm von Herzen meinen Glückwunsch dazu aussprechen.

Bis jetzt gibt es noch kein auf deutsch verfaßtes Werk dieser Art, obwohl ein starkes Bedürfnis danach bestanden hat. Ich freue mich deshalb, daß dieses Buch gerade jetzt, wirklich zur rechten Zeit, erscheint.

Heinz Patt ist seit langem Schüler von Meister Asai. Ich selbst kenne ihn seit nunmehr zehn Jahren. An der Universität in München hat Heinz Patt sich durch seine wissenschaftliche Arbeit ausgezeichnet. Zugleich hat er in München ein Aikido-Dojo gegründet und widmet sich nun der Anleitung des Nachwuchses. Ich glaube, daß dieses Buch als Wegweiser sehr nützlich sein wird, denn es wurde geschrieben in der Kenntnis dessen, was die Aikido-Lernenden wissen möchten und was sie brauchen.

Ich hoffe, daß durch dieses Buch diejenigen, die sich dem Aikido widmen, in technischer wie geistiger Hinsicht auf dem richtigen Weg vorankommen werden.

25. Dezember 1986 *Nobuyoshi Tamura*

Beauftragter des Weltaikidobundes für Europa,
8. Dan Aikido

田村信喜

Vorwort

„Aikido lernt man nur durch Üben“, so beginnt Meister Nobuyoshi Tamura sein Buch über Aikido.

Entsprechend schwer fiel es mir, diese Kampfkunst auf einigen Buchseiten erschöpfend darzustellen und ihre gesamte Bedeutung für den Übenden ausreichend und verständlich zu erklären.

Letztlich bin ich mir über die Unvollkommenheit beschriebenen Papiers im klaren, aber auch die Verwirklichung eines Buches über Aikido ist eine Aikido-Übung.

München, im Januar 1987 *Heinz Patt*

Was ist Aikido?

Aikido ist eine japanische Kampfkunst. Die Ursprünge des Aikido sind bis zu den Bewegungs- und Atemübungen buddhistischer Mönche im alten China zurückzuverfolgen. Das moderne Aikido ist somit tief in der ostasiatischen Gedankenwelt verwurzelt.

Die japanischen Schriftzeichen des Wortes Aikido bedeuten: „Der Weg (DO) der Harmonie (AI) mit der geistigen Kraft (KI)." Aikido ist also vor allem ein Weg zur Entwicklung und Entfaltung der im Unbewußten ruhenden geistigen Kräfte.

Der Übende entdeckt und entwickelt zudem seine körperlichen Fähigkeiten. Er erkennt dabei allerdings auch die Grenzen, die dem Körper gesetzt sind, und lernt aus dieser Einsicht heraus, daß nur das harmonische Zusammenwirken von Körper und Geist wahre Stärke bedeutet.

Mit fortschreitender Praxis wird es dem Aikido-Übenden immer besser gelingen, seine geistige Kraft zu aktivieren und sie in Harmonie mit den körperlichen Fähigkeiten zu bringen.

Die unbewußten Kräfte sind keine künstlich antrainierten Fähigkeiten, sondern stehen in enger Beziehung zur Natur. Die Natürlichkeit der Bewegung ist im Aikido eine wesentliche Voraussetzung auf dem Weg, die Harmonie zwischen Körper und Geist zu suchen und zu finden.

Aikido versteht sich als eine klassische Kampfkunst, als ein Weg geistiger und körperlicher Schulung. Es ist kein Wettkampfsport. Im Aikido gibt es keinen Gedanken an Sieg oder Niederlage. Das Ziel ist nicht die Bezwingung des Gegners, sondern die Entwicklung einer Geisteshaltung, die frei ist von Aggression und Angst.

Technik des Aikido

Ein auffallendes äußeres Merkmal des Aikido ist die Leichtigkeit, mit der ein Angreifer kontrolliert und zu Fall gebracht werden kann. Scheinbar mühelos wird der Angreifer in jede Richtung geführt. Seine eben noch vorhandene Angriffsenergie hat sich in Nichts aufgelöst.

Ermöglicht wird dies durch die Kontrolle des gegnerischen Angriffs von Beginn an. Der Verteidiger lenkt den Angriff in eine von ihm gewünschte Richtung und erreicht damit, daß die körperliche Kraft des Angreifers, so groß sie auch sein mag, letzten Endes nur gegen ihn selbst wirkt.

Richtung und Kraft des gegnerischen Angriffs müssen bereits im Anfangsstadium erkannt werden, um ihm entsprechend begegnen zu können. Dafür ist ein hohes Maß an Sensibilität erforderlich, welches nur durch langes Üben zu erreichen ist.

Aikido-Bewegungen sind meist kreis- oder spiralförmig. Diese beiden Bewegungsformen sind am besten geeignet, die Kraft eines Angreifers mit der des Verteidigers zu vereinigen.

Das harmonische Zusammenwirken der anfangs entgegengesetzten Kräfte und die vollständige Kontrolle des Angreifers in diesen Bewegungen geben dem Aikido die ihm eigene Dynamik. Wirken beide Kräfte in die gleiche Richtung, ist die Trennung zwischen Angreifer und Verteidiger aufgehoben. Die Aikido-Technik ist dann das Werk beider Kräfte.

Zur Kontrolle des Angreifers gibt es verschiedene Hebel- und Gelenkgriffe.

Geschichte des Aikido

Der Begründer des Aikido, wie wir es heute kennen, ist der Japaner Morihei Uyeshiba.

Morihei Uyeshiba wurde am 14. Dezember 1883 in Tanabe, einem kleinen Städtchen bei Osaka, geboren. In seiner Jugend beschäftigte er sich mit allen Kriegskünsten und war ein Experte in verschiedenen Formen des Schwertkampfes sowie in Judo und Ju Jitsu. Entscheidend war für ihn die Begegnung mit der Verteidigungskunst des Daitoryu-Aiki-ju-jutsu im Jahre 1910. Diese damals der Öffentlichkeit noch nicht zugängliche Verteidigungskunst, die über Jahrhunderte hinweg nur innerhalb eines ausgewählten Personenkreises von Generation zu Generation weitervererbt worden war, erlernte Uyeshiba in der Abgeschiedenheit des ländlichen Dojos von Meister Sokaku Takeda auf Hokkaido.

Aus den Elementen des Daitoryu-Aiki-ju-jutsu, des Schwertkampfes und des Judo formte Morihei Uyeshiba dann das Aikido.

Morihei Uyeshiba starb am 26. April 1969 im Alter von 86 Jahren. Bis kurz vor seinem Tod hatte er noch Aikido praktiziert und unterrichtet. Diese Arbeit wird seither von seinem Sohn Kisshomaru Uyeshiba fortgesetzt, der gegenwärtig das Hombu Dojo, die Zentrale des Aikido-Weltbundes in Tokyo, leitet. Viele der damaligen Schüler von Meister Uyeshiba unterrichten heute in allen Teilen der Welt und sind das lebendige Vermächtnis des Aikido-Begründers.

Aikido ist außerhalb Japans erst nach dem Zweiten Weltkrieg bekannt geworden. Da das Aikido darauf verzichtet hat, den Weg des Wettkampfsports zu gehen wie andere Budo-Arten, hat es sich den Charakter einer anspruchsvollen Kampfkunst weitgehend erhalten können. Dies steht zwar einer weiten Verbreitung entgegen, spricht aber Menschen an, die mehr suchen als nur eine effektive Form der Selbstverteidigung.

Grundprinzipien des Aikido

Ki
Hara
Kokyu

Ki

– geistige Kraft –

Ki bedeutet geistige Kraft. Ki ist aber auch der Begriff für Lebenskraft, für die Energie, die in jedem Lebewesen aktiv ist.

Jeder hat Ki, aber vielen ist es nicht bewußt. Der Weg zur Freisetzung dieser Kraft muß lange geübt werden. Wenn es jedoch gelingt, diese normalerweise wenig entwickelte Energiequelle nach Belieben zu aktivieren, wird das in jedem Menschen ruhende Potential an geistiger Kraft in höchstem Maße wirksam.

Ki ist keine Kraft im herkömmlichen Sinne. Es ist wirksam in der Bewegung, aber auch in der Ruhe.

Die Entdeckung und Entwicklung von Ki ist ein wesentliches Element im Aikido. Nur die Harmonie körperlicher und geistiger Kraft ermöglicht den Einsatz von Ki und damit ein vollständiges Ausnutzen aller vorhandenen Energien.

Hara

— Mittelpunkt —

Das japanische Wort Hara bedeutet übersetzt „Bauch“. Im Aikido wird dafür ein hypothetischer Punkt ungefähr zwei Fingerbreit unterhalb des Bauchnabels angenommen. Dieser Punkt ist das Zentrum der geistigen und körperlichen Kraft. Durch die Konzentration des Übenden auf Hara, das weit mehr ist als nur ein Mittelpunkt im physikalischen Sinne, bekommt das allgegenwärtige Ki einen Ursprung und ein Zentrum.

Langes Üben ist erforderlich, bis der Schüler zu einer Haltung gelangt, in der er sich seiner körperlichen und geistigen Mitte bewußt wird. Aus diesem stabilen Zentrum heraus kann er das ganze Potential an körperlicher und geistiger Energie explosionsartig freisetzen.

Alle Aikido-Techniken sollen mit Hara ausgeführt werden. Die Konzentration auf das Zentrum ist die Voraussetzung dafür, einem Angriff entspannt und ruhig zu begegnen.

Den richtigen Mittelpunkt findet der Übende, wenn er mit entspanntem Körper ruhig einatmet, die Atmung bis in den Unterleib vertieft, sie dort einen kurzen Moment festhält und dann locker ausatmet.

Kokyu

呼吸

— Atemkraft —

Kokyu bedeutet in der wörtlichen Übersetzung aus dem Japanischen Atmung. Im Aikido steht der Begriff Kokyu für das „In-Bewegung-setzen“ von Ki oder allgemein für die Übungen, bei denen das Ausstrahlen von Ki trainiert wird.

Kokyu bedeutet also nichts anderes als das bewußte Freisetzen von Ki durch die Ausatmung. In einer Aikido-Bewegung wird durch Kokyu die geistige und die körperliche Kraft koordiniert.

Der Einsatz von Kokyu bewirkt, daß ein Angreifer nicht nur körperlich kontrolliert wird. Bei einem ausreichend starken Kokyu ist eine vollständige Kontrolle über die geistige und körperliche Energie eines Angreifers gegeben.

Wird eine Aikido-Technik mit Kokyu durchgeführt, bleibt der Kraftaufwand auf ein Minimum beschränkt. Gelingt es dem Verteidiger, das Kokyu des Gegners zu kontrollieren, nutzt er die Energie des Angriffs für sich, indem er sie wieder gegen den Angreifer richtet. Diesem wird dadurch jede Handlungsfreiheit genommen. Er findet sich in einem Bewegungsablauf wieder, den er aus eigenem Antrieb nicht mehr verlassen kann.

Durch Kokyu ist es möglich, Aikido bis ins hohe Alter zu üben. Mehr noch, die fortwährende Übung führt dazu, daß sich die Aikido-Bewegungen von Jahrzehnt zu Jahrzehnt weiter entwickeln und stärker werden.

Der Gingko-Baum, ein Symbol der Harmonie zwischen Mensch und Natur

Grundbegriffe im Aikido

Hanmi
Ma ai
Ukemi

Basisbewegungen

Irimi
Tenkan
Tai sabaki

Hanmi

– Haltung –

Die korrekte Haltung ist wichtig für alle Bewegungsabläufe. Der Körper ist entspannt und locker. Finger- und Fußspitzen zeigen in Blickrichtung zum Partner. Die Arme sind in Höhe der Körpermitte leicht angewinkelt und ausgestreckt. Die Augen fixieren keinen bestimmten Punkt, sondern haben stets den gesamten Körper des Partners und alle seine Bewegungen im Blickfeld. Das Körpergewicht liegt bequem ausbalanciert auf beiden Knien, die leicht gebeugt sind. Diese Haltung ist unverkrampft und kann ohne große Ermüdung längere Zeit beibehalten werden.

Ma ai

– Abstand zum Partner –

Der Abstand zwischen den Übenden wird als Ma ai bezeichnet. Ma ai ist jedoch nicht nur eine Distanz in Metern, sondern auch der Abstand der geistigen Kräfte. Der Angreifer wird Abstand und Zeitpunkt wählen, um seinen Angriff erfolgreich durchführen zu können, während der Angegriffene die Distanz benötigt, um seine Gegenmaßnahmen einzuleiten.

Im Training ist für den Angreifer derjenige Abstand richtig, aus dem heraus er mit seiner Vorwärtsbewegung den Mittelpunkt des Angegriffenen kontrollieren kann. Die wirksamste Distanz für den Werfenden ist von Partner zu Partner verschieden. Sind die Übenden fortgeschrittene Schüler, so wird der Abstand gering sein. Der Anfänger braucht für die Entwicklung der Aikido-Technik mehr Bewegungsfreiheit.

Nage und Uke

— Partner bei Angriff und Verteidigung —

Nage	—	„nageru" (werfen)	—	führt die Technik aus
Uke	—	„ukeru" (empfangen)	—	ist der Angreifer, der geworfen wird

Die Demonstration und Übung einer Aikido-Technik erfolgt mit den unterschiedlichsten Partnern. Es ist wichtig, zu wissen, daß der Partner im Aikido gebraucht wird und seine Person zum Üben zur Verfügung stellt. Trotz allen Eifers sollte daher stets rücksichtsvoll trainiert werden. Der Fortgeschrittene hat auf den Anfänger zu achten.

Obwohl Uke eine weitgehend passive Rolle übernimmt, sollte er sich darüber im klaren sein, daß der Angriff, das Geworfenwerden und Fallen, die gleiche Konzentration und Aufmerksamkeit verlangen wie das Werfen. Uke braucht sich keine Gedanken über die Ausführung der Aikido-Technik zu machen, er kann sich voll und ganz auf seinen Angriff konzentrieren. Auch der Angreifer soll Ki, Hara und Kokyu für den Angriff benutzen; nur so ist richtiges Üben möglich.

Im Aikido gibt es keinen Wettstreit, sondern nur das gemeinsame Bemühen und die gegenseitige Hilfe.

Damit beide Partner die Aikido-Bewegungen gefahrlos üben können, ist es wichtig, die Fallübungen sicher zu beherrschen. Beim Fallen wird zwischen „Mae ukemi" (Vorwärtsfallen) und „Ushiro ukemi" (Rückwärtsfallen) unterschieden.

Mae ukemi

– Vorwärtsfallen –

Aus der Grundposition mit dem rechten Fuß vorne bringt der Übende seine rechte Hand zur Matte. Die Hand befindet sich in der Mitte zwischen den Beinen, die Fingerspitzen zeigen nach hinten. Für den Anfänger ist es ratsam, die linke Hand als Unterstützung zu benutzen, indem er sie neben die rechte Hand legt. Wichtig: Beide Handinnenflächen zur Matte und den Kopf nach vorne beugen.

Ushiro ukemi

– Rückwärtsfallen –

Aus der Grundhaltung mit dem linken Fuß vorne wird der rechte dicht hinter dem linken Fuß, die Zehen flach am Boden, zur Matte gebracht. Gleichzeitig bringt der Übende seinen Mittelpunkt nach unten, indem er sich einfach hinsetzt. Die rechte Hand ist wie beim Vorwärtsfallen zwischen den Beinen plaziert, die Fingerspitzen zeigen nach hinten und der Kopf ist nach vorne gebeugt.

Basisbewegungen

Im Aikido gibt es zwei grundsätzliche Bewegungen, mit denen die Verteidigungstechniken eingeleitet werden.

Irimi

– eintreten –

Durch einen großen Schritt nach vorne neben Uke verläßt Nage dessen Angriffslinie und führt die Energie von Uke in Angriffsrichtung weiter.

Tenkan

– umwandeln –

Nage verläßt die Angriffslinie durch einen kleinen Schritt neben Ukes vorderen Fuß und eine anschließende Rückwärtsdrehung. Beide Hände zeigen danach in die Bewegungsrichtung des Angriffs.

Die Kräfte von Nage und Uke wirken so in die gleiche Richtung, die Angriffsenergie wird weitergeleitet.

Irimi

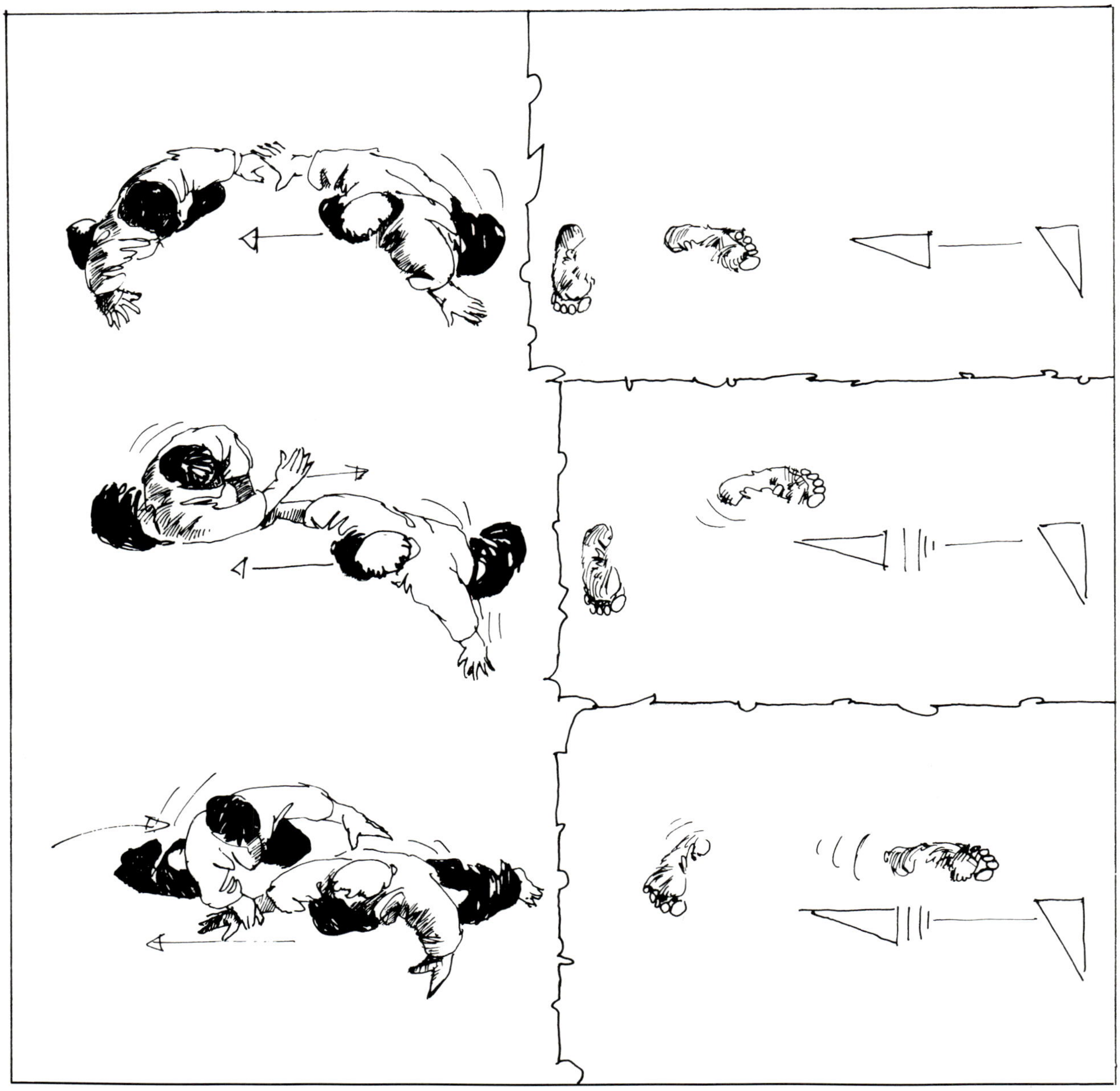

Tenkan

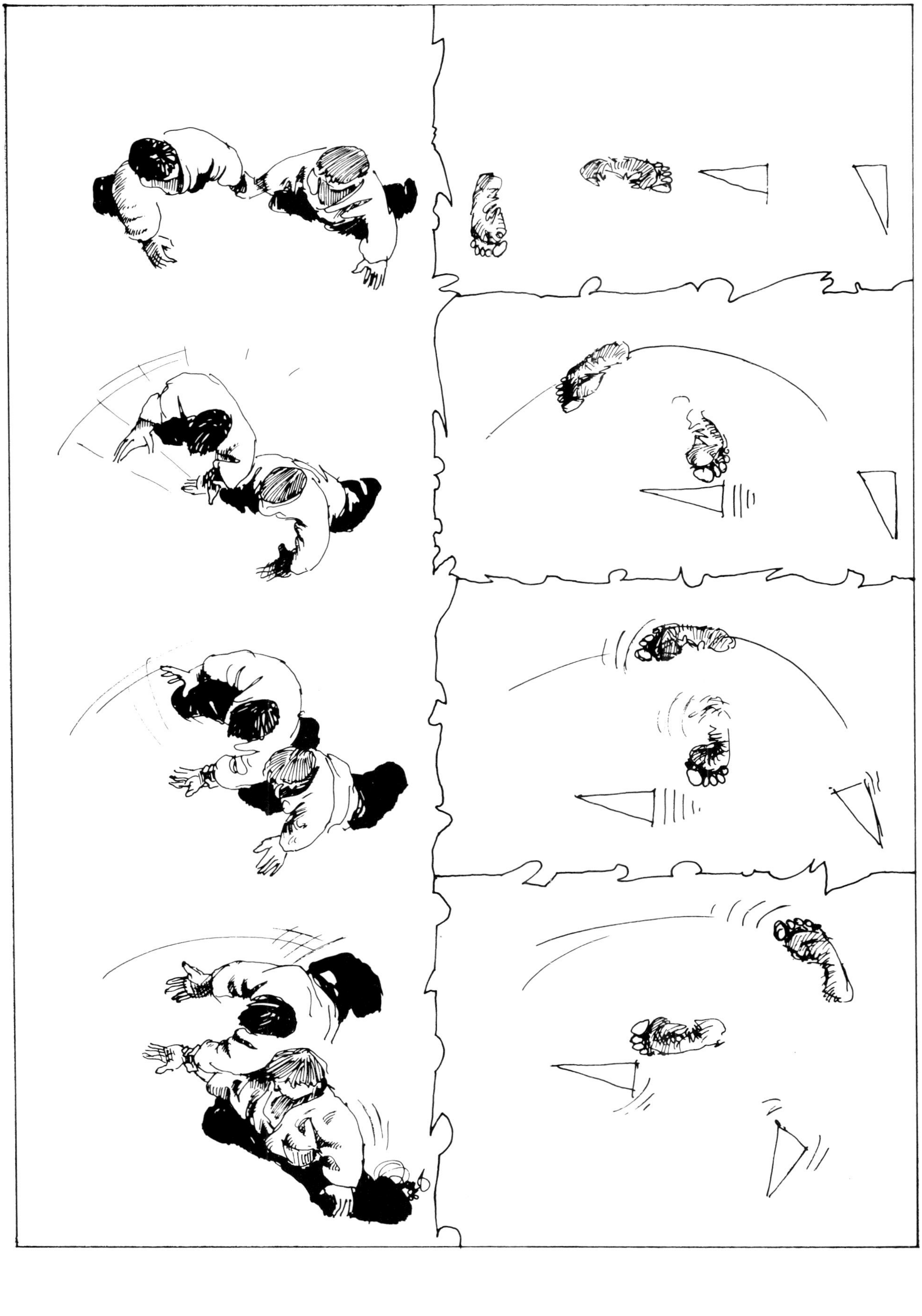

Tai sabaki

– Irimi-tenkan Bewegung –

tenkan ▷

Spezielle Grundübungen

Shikko

– Bewegen auf den Knien –

Ausgangsposition mit dem rechten Knie vorne. Der Übende sitzt auf seinen Unterschenkeln, die Zehen sind aufgerichtet. Die Hände liegen entspannt auf den Oberschenkeln.

Gleichzeitig mit dem Aufrichten des Körpers verlagert der Übende seinen Mittelpunkt nach vorne und macht mit dem linken Knie einen „Schritt“ vorwärts. Während der Bewegung führt er seinen rechten Fuß unmittelbar hinter den linken.

Position mit dem linken Knie vorne. Beide Füße sind dicht beieinander.

Kokyu ho

— Übung von Kokyu mit Partner —

Suwari waza kokyu ho

— Übung auf den Knien —

▷

Tachi waza kokyu ho

— Übung im Stehen — ▷

Handpositionen

– Eingangsbewegungen –

Im Aikido gibt es verschiedene Möglichkeiten, den Griff eines Angreifers zu lösen. Aus jeder dieser Eingangsbewegungen kann sich eine beliebige Technik entwickeln.

aus Aihanmi katate dori:

aus Gyakuhanmi katate dori:

Angriffsformen im Aikido

1. Aihanmi katate dori
   – aus der Aihanmi-Fußposition das Handgelenk greifen
2. Gyakuhanmi katate dori
   – aus der Gyakuhanmi-Fußposition das Handgelenk greifen
3. Kata dori [men uchi]
   – aus der Gyakuhanmi-Fußposition die Schulter greifen
   [Schlag gegen den Kopf]
4. Mune dori
   – mit einer Hand den Partner in Brusthöhe halten
5. Shomen uchi
   – Schlag mit der Handkante von oben gegen den Kopf
6. Yokomen uchi
   – Schlag mit der Handkante von der Seite gegen Kopf oder Hals
7. Chudan tsuki
   – Direkter Stoß mit der Faust in Bauchhöhe
8. Ushiro katate eri dori [men uchi]
   – Kragen von hinten greifen [Schlag gegen den Kopf]
9. Katate ryote dori
   – ein Handgelenk mit beiden Händen greifen
10. Ryote dori
    – beide Handgelenke von vorne greifen
11. Ryo hiji dori
    – beide Ellbogengelenke von vorne greifen
12. Ryo kata dori
    – beide Schultern von vorne greifen
13. Ushiro ryote dori
    – beide Handgelenke von hinten greifen
14. Ushiro ryo hiji dori
    – beide Ellbogengelenke von hinten greifen
15. Ushiro ryo kata dori
    – beide Schultern von hinten greifen
16. Ushiro katate kubi shime katate dori
    – von hinten ein Handgelenk halten und mit der freien Hand würgen

Hanmi

– Grundpositionen zum Partner –

Das japanische Wort für die Grundhaltung im Aikido ist Hanmi. Je nach der Position der Füße zum Partner wird zwischen Aihanmi und Gyakuhanmi unterschieden.

Aihanmi

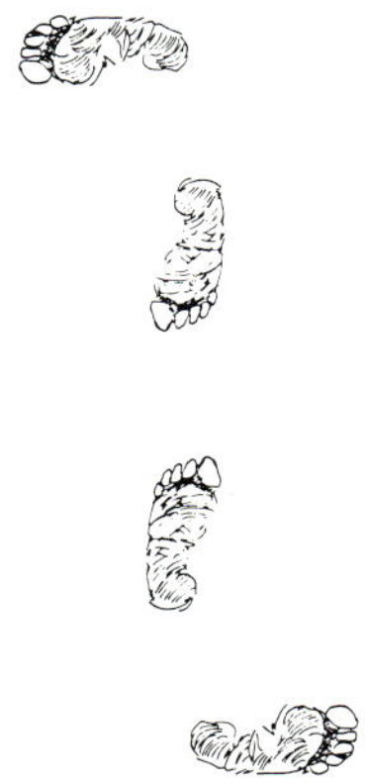

Nage und Uke haben beide den rechten bzw. linken Fuß vorne

Gyakuhanmi

Nage hat den linken Fuß vorne, Uke den rechten Fuß, bzw. umgekehrt.

Angriffsformen im Aikido

— von vorne —

Uke beginnt seinen Angriff, indem er durch einen Vorwärtsschritt die zur jeweiligen Angriffsform gehörende Grundposition erreicht. Aus dieser Position entwickeln sich die verschiedenen Angriffstechniken.

mit einer Hand greifen:

Aihanmi katate dori
Gyakuhanmi katate dori
Kata dori
Mune dori

mit beiden Händen greifen:

Katate ryote dori
Ryote dori
Ryo hiji dori
Ryo kata dori

Schlag oder Stoß:

Shomen uchi
Yokomen uchi
Chudan tsuki

mit einer Hand greifen und schlagen:

Kata dori men uchi

Aihanmi katate dori

Aihanmi Grundposition

Uke greift mit seiner linken Hand das linke Handgelenk von Nage, bzw. umgekehrt.

Gyakuhanmi katate dori

Gyakuhanmi Grundposition

Uke greift mit der rechten Hand das linke Handgelenk von Nage, bzw. umgekehrt.

Kata dori

Gyakuhanmi Grundposition

Uke greift mit seiner rechten Hand die linke Schulter von Nage, bzw. umgekehrt.

Mune dori

Gyakuhanmi Grundposition

Uke hält mit seiner rechten Hand die Jacke von Nage in Brusthöhe, bzw. umgekehrt.

5. *Shomen uchi*

Aihanmi Grundposition

Schlag mit der Handkante von oben gegen den Kopf

6. *Yokomen uchi*

Gyakuhanmi Grundposition

Schlag mit der Handkante von der Seite gegen Kopf oder Hals

7. *Chudan tsuki*

Gyakuhanmi Grundposition

Direkter Stoß mit der Faust in Bauchhöhe

Kata dori men uchi

Gyakuhanmi Grundposition

Uke hält Nage mit einer Hand an der Schulter und schlägt mit der freien Hand von oben gegen Nages Kopf.

Katate ryote dori

Gyakuhanmi Grundposition

Ein Handgelenk mit beiden Händen greifen

Ryote dori

Beide Handgelenke von vorne greifen

Ryo hiji dori

Beide Ellbogengelenke von vorne greifen

Ryo kata dori

Beide Schultern von vorne greifen

Ushiro waza

– Angriffsformen von hinten –

Uke beginnt seinen Angriff mit einem Vorwärtsschritt, greift in der Aihanmi-Fußposition Nages Handgelenk, seinen Ellbogen oder seine Schulter und versucht, durch einen Schritt hinten um Nage herum, das freie Handgelenk, das andere Ellbogengelenk oder die andere Schulter von hinten zu greifen.

Ushiro katate eri dori
Ushiro katate eri dori men uchi

Ushiro ryote dori
Ushiro ryo hiji dori
Ushiro ryo kata dori

Ushiro katate kubi shime katate dori

Ushiro katate eri dori

Uke greift mit einer Hand Nages Kragen von hinten

Ushiro katate eri dori men uchi

Wie vorab, zusätzlich schlägt Uke mit der freien Hand von oben gegen Nages Kopf.

Ushiro katate kubi shime katate dori

Uke würgt Nage mit seiner rechten Hand und hält mit der anderen das linke Handgelenk von hinten bzw. umgekehrt, Würgen mit der linken Hand und Festhalten mit der rechten.

Ushiro ryote dori

Beide Handgelenke von hinten greifen

Ushiro ryo hiji dori

Beide Ellbogengelenke von hinten greifen

Ushiro ryo kata dori

Beide Schultern von hinten greifen

Aikido-Techniken

In diesem Kapitel werden alle Aikido-Techniken aus der Angriffsform Gyakuhanmi katate dori ausführlich beschrieben. In dem dann folgenden Kapitel „Verschiedene Angriffsformen" werden einige ausgewählte Kombinationen von Angriffsform und Aikido-Technik vorgestellt. Es wurde hierbei versucht, möglichst viele wichtige Einzelheiten an besonders charakteristischen Aikido-Bewegungen darzustellen.

Allgemein lassen sich die Aikido-Techniken in Wurftechniken (nage waza) und Haltetechniken (osae waza) unterteilen.

Aikido-Techniken

Wurftechniken
(nage waza)

Shiho nage	omote + ura
Irimi nage Kote gaeshi Kaiten nage Tenchi nage	
Koshi nage Kokyu nage	Hüftwurf Atemkraftwurf

omote — Technik mit Irimi-Eingang (Vorwärtsbewegung)
ura — Technik mit Tenkan-Eingang (Rückwärtsbewegung)

Shiho nage

– Gyakuhanmi katate dori –

omote waza

Shiho nage

— Gyakuhanmi katate dori —

ura waza

Shiho nage

— Details —

omote waza

Seitlich neben dem Partner stehend, greift Nage das Handgelenk von Uke und geht einen Schritt nach vorne.

ura waza

Nage macht einen kleinen Schritt außen neben Ukes vorderen Fuß und dreht rückwärts

Der Arm von Uke wird gestreckt über den Kopf geführt

Die Hand von Uke wird mit beiden Händen gehalten, der Ellbogen von Uke liegt an Nages Unterarm.

Shiho nage

Irimi nage

— Gyakuhanmi katate dori —

Irimi nage

— Details —

Schritt nach vorne neben den Partner

Nage greift Ukes Hals, wichtig ist die Benutzung des Daumens.

Uke wird durch eine Vorwärtsbewegung geworfen

Irimi nage

1

3

2

4

Kote gaeshi

— Gyakuhanmi katate dori —

Kote gaeshi

— Details —

Eingangsbewegung + Handwechsel

Schwung nach hinten

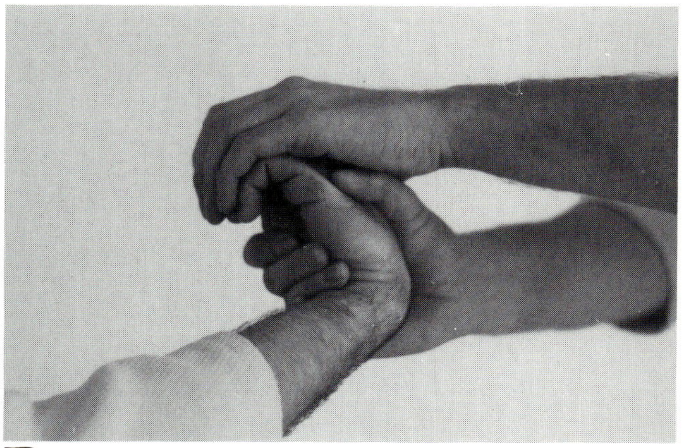

Das Handgelenk wird nach außen gedreht, der kleine Finger der unteren Hand ist die wichtige Verbindung zu Uke.

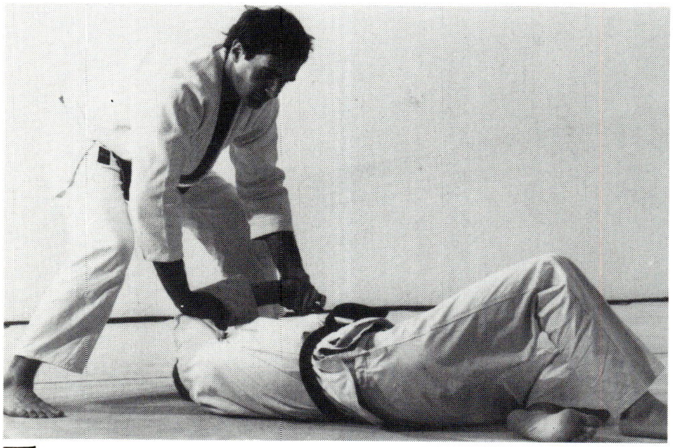

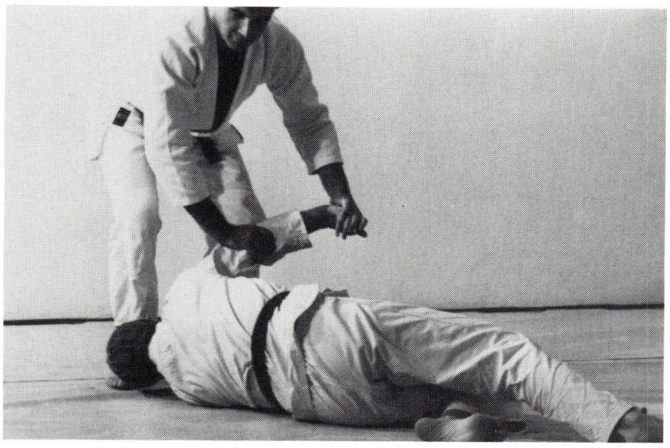

Eine Hand greift das Handgelenk, die andere Hand faßt den Ellbogen und drückt ihn in Richtung auf den Kopf des Partners — ein großer Schritt um den Partner herum.

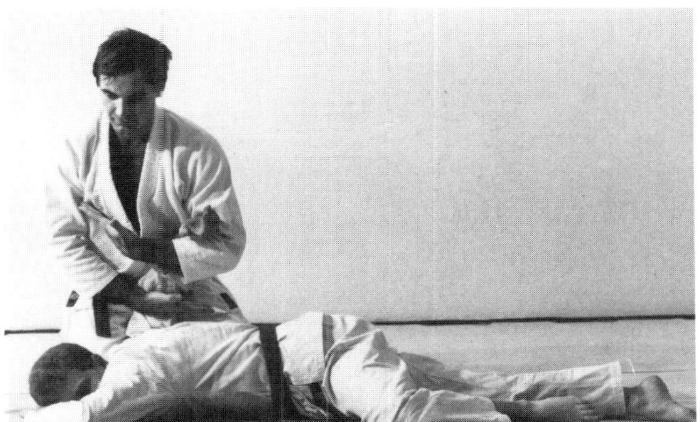

Handwechsel zur Halteposition am Boden

Kaiten nage

– Gyakuhanmi katate dori –

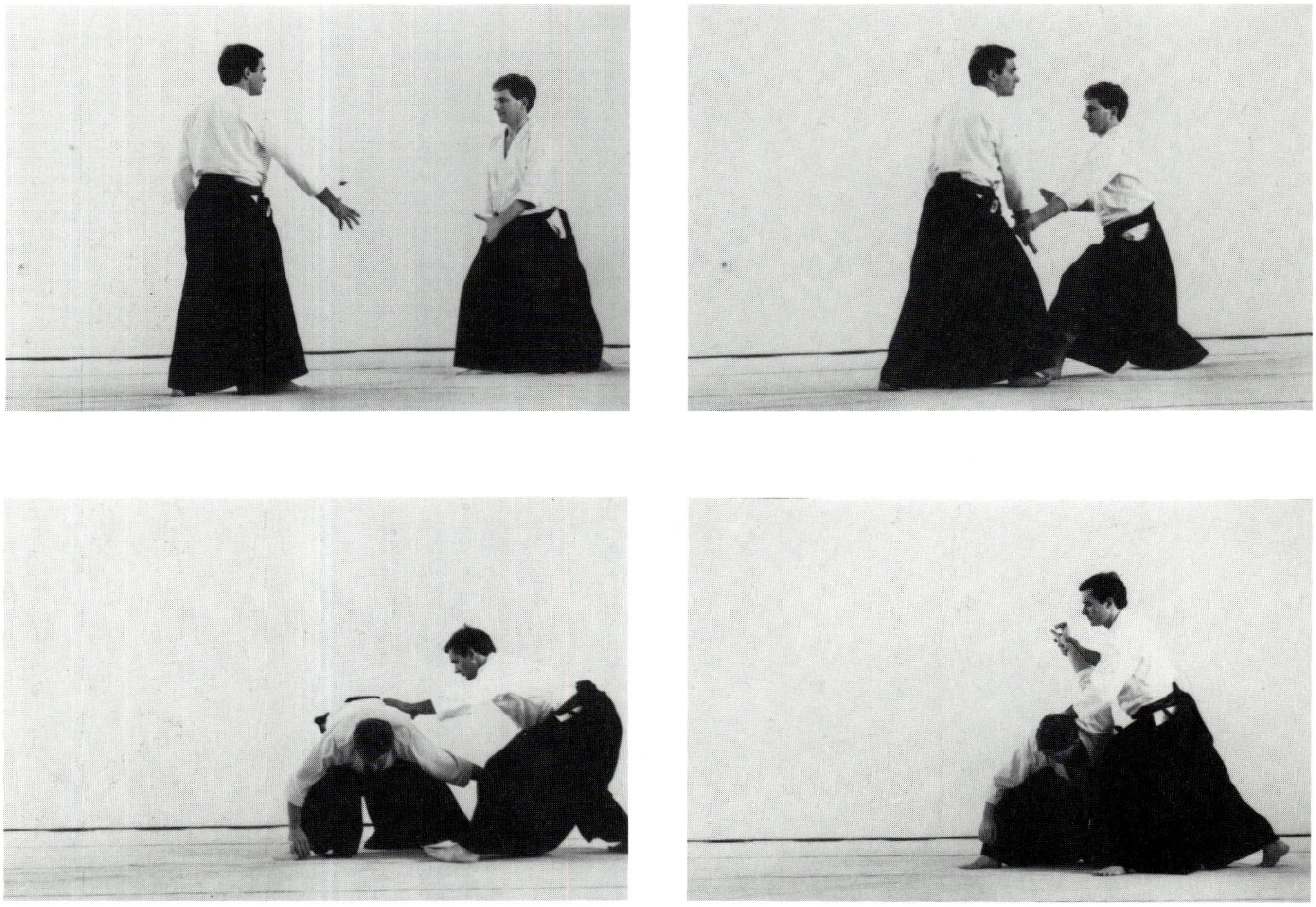

Tenchi nage

— Gyakuhanmi katate dori —

Tenchi nage + Kaiten nage

– Details –

Tenchi nage ▷

Schritt vorwärts, die Hände bleiben vorne.

Eingang zu Tenchi nage + Kaiten nage

Kaiten nage ▷

Schritt vorwärts unter den Arm des Partners

Die untere Hand ist seitwärts vorne, die obere Hand, von unten kommend, seitlich neben dem Kopf.

Uke wird durch eine Vorwärtsbewegung des gesamten Körpers geworfen. Zum Fallen nimmt Uke den Fuß zurück.

Das Handgelenk macht die gesamte Kreisbewegung mit

Führen des oberen Armes in Richtung der gegenüberliegenden Schulter

Tenchi nage

Kaiten nage

Koshi nage

– Gyakuhanmi katate dori –

Koshi nage

— Details —

Die Hand kommt von außen. Beide Füße stehen dicht beieinander, die Knie sind gebeugt, der Mittelpunkt ist unter dem Zentrum von Uke.

Nage führt den Mittelpunkt von Uke nach vorne, während des Wurfes richtet Nage sich auf.

Wichtig für das Fallen: Uke hält mit einer Hand die Jacke von Nage in Bauchhöhe und schlägt mit der anderen ab.

Kokyu nage

– Gyakuhanmi katate dori –

Kokyu nage

– Details –

Nage tritt seitlich aus der Angriffslinie heraus. Beide Arme sind gestreckt.

Das hintere Bein geht nach vorne. Mit der inneren Hand wird Ukes Ellbogen kontrolliert.

Uke wird durch eine Vorwärtsbewegung des gesamten Körpers geworfen.

Aikido-Techniken

Haltetechniken
(osae waza)

Ikkyo
Nikyo
Sankyo
Yonkyo

(jeweils omote und ura)

Gokyo

(nur in den Angriffsformen
Shomen uchi und Yokomen uchi)

Ikkyo

— Gyakuhanmi katate dori —
omote waza

Ikkyo

— Gyakuhanmi katate dori — ura waza

Ikkyo

— Details —

omote waza

Nage führt Ukes Arm in Kopfrichtung, die freie Hand greift in Ellbogenhöhe.

Ein großer Schritt seitlich nach vorne, um Uke aus dem Gleichgewicht zu bringen.

ura waza

Großer Schritt hinter Uke, die freie Hand greift von unten kommend den Ellbogen.

Nage dreht auf dem vorderen Fuß rückwärts und führt Uke zu Boden

Handhaltung bei Gyakuhanmi-Eingang

Abschluß der Technik. Uke schaut weg von Nage und schützt mit der freien Hand sein Gesicht.

Nikyo

— Gyakuhanmi katate dori —
omote waza

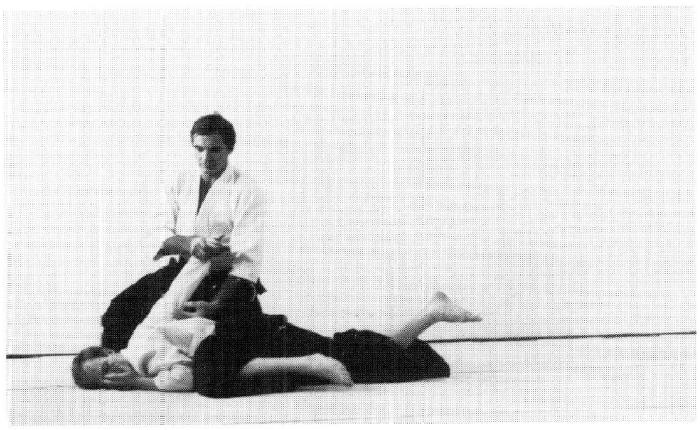

Nikyo

— Gyakuhanmi katate dori — ura waza

Nikyo

— Details —

Handwechsel zum Nikyo ▷

Beide Partner stehen in der Gyakuhanmi-Grundposition

ura waza ▷

Eingang wie bei Ikkyo ura

Wechsel zur Haltetechnik am Boden

Nage führt die Hand von Uke an seine Schulter, die zweite Hand streicht an der Innenseite von Ukes Arm entlang.

Nage greift das Handgelenk von Uke. Kontrolle des Partners mit Nikyo.

Während der Rückwärtsdrehung führt Nage die Hand von Uke an seine Schulter

Abschluß mit Nikyo

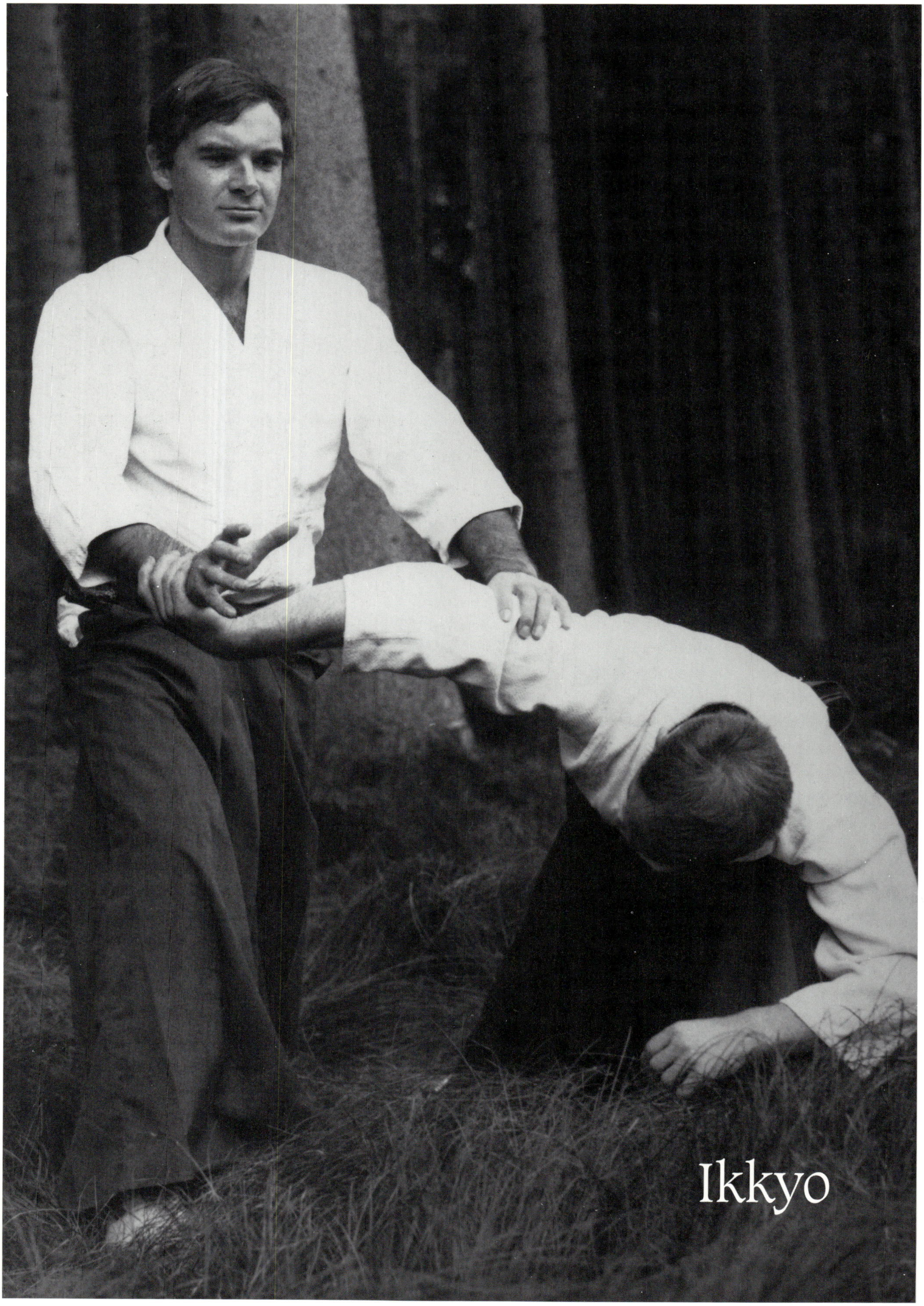
Ikkyo

Nikyo

Sankyo

— Gyakuhanmi katate dori —
omote waza

Sankyo

— Gyakuhanmi katate dori — ura waza

Sankyo

— Details —

Handwechsel zum Sankyo ▷

omote waza ▷

ura waza ▷

Wechsel zur Haltetechnik am Boden

▷

▷

Kontrolle des Partners durch Sankyo

Yonkyo

— Gyakuhanmi katate dori — omote waza

Yonkyo

— Gyakuhanmi katate dori —
ura waza

Yonkyo

— Details —

Handwechsel zum Yonkyo

omote waza ▷

Halteposition am Boden

ura waza ▷

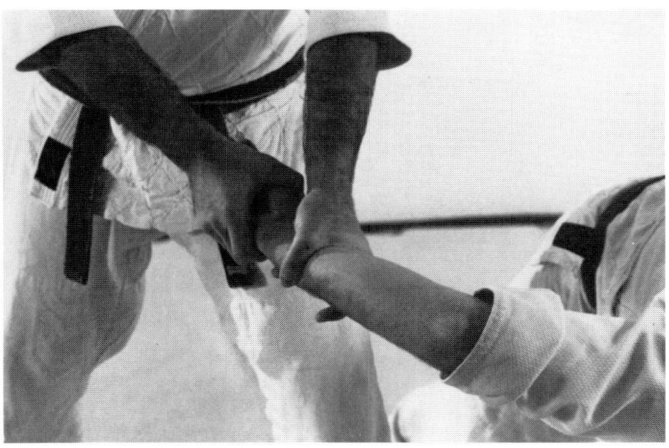

Handhaltung Yonkyo

Sankyo

Yonkyo

Gokyo

– Shomen uchi –

Gokyo

— Yokomen uchi —

Gokyo

— Details —

bei Shomen uchi:

Eingangsbewegung: Nage kontrolliert Uke von unten kommend.

bei Yokomen uchi:

Eingangsbewegung: wegen des Messers ist es wichtig, Ukes Handgelenk von hinten zu greifen.

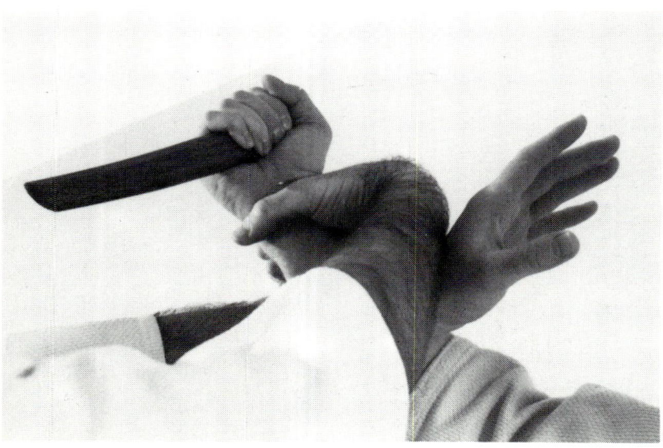

Kontrolle in der Vorwärtsbewegung

Halteposition am Boden: Durch den Druck auf den Ellbogen gibt Uke das Messer frei.

Verschiedene Angriffsformen

— Angriff von vorne —

Irimi nage
— Aihanmi katate dori —

Shiho nage
— Kata dori men uchi —

Kote gaeshi
— Kata dori men uchi —

Shiho nage
— Shomen uchi —

Kaiten nage
— Shomen uchi —

Irimi nage
— Yokomen uchi —

Kokyu nage
— Chudan tsuki —

Tenchi nage
— Ryote dori —

Shiho nage
— Ryote dori —

Ikkyo ura waza
— Aihanmi katate dori —

Ikkyo omote waza
— Mune dori —

Ikkyo omote waza
— Shomen uchi —

Ikkyo omote waza
— Katate ryote dori —

Nikyo ura waza
— Ryo kata dori —

Nikyo ura waza
— Kata dori men uchi —

Irimi nage

– Aihanmi katate dori –

Shiho nage

– Kata dori men uchi –

Kote gaeshi

– Kata dori men uchi –

Shiho nage

– Shomen uchi –

Kaiten nage

— Shomen uchi —

Irimi nage

— Yokomen uchi —

Kokyu nage

– Chudan tsuki –

Tenchi nage

— Ryote dori —

Shiho nage

— Ryote dori —

Kote gaeshi

Ikkyo ura waza

– Aihanmi katate dori –

Ikkyo omote waza

— Mune dori —

Ikkyo omote waza

– Shomen uchi –

Ikkyo omote waza

— Katate ryote dori —

Nikyo ura waza

— Ryo kata dori -

Nikyo ura waza

— Kata dori men uchi —

Verschiedene Angriffsformen

— Angriff von hinten —

Shiho nage
— Ushiro ryote dori —

Irimi nage
— Ushiro ryote dori —

Kote gaeshi
— Ushiro ryote dori —

Kaiten nage
— Ushiro ryo kata dori —

Koshi nage
— Ushiro katate kubi shime katate dori —

Ikkyo
— Ushiro ryo kata dori —

Sankyo
— Ushiro katate kubi shime katate dori —

Shiho nage omote

— Ushiro ryote dori —

Irimi nage

— Ushiro ryote dori —

Kote gaeshi

– Ushiro ryote dori –

1

3

2

4

Kaiten nage

– Ushiro ryo kata dori –

Koshi nage

– Ushiro katate kubi shime katate dori –

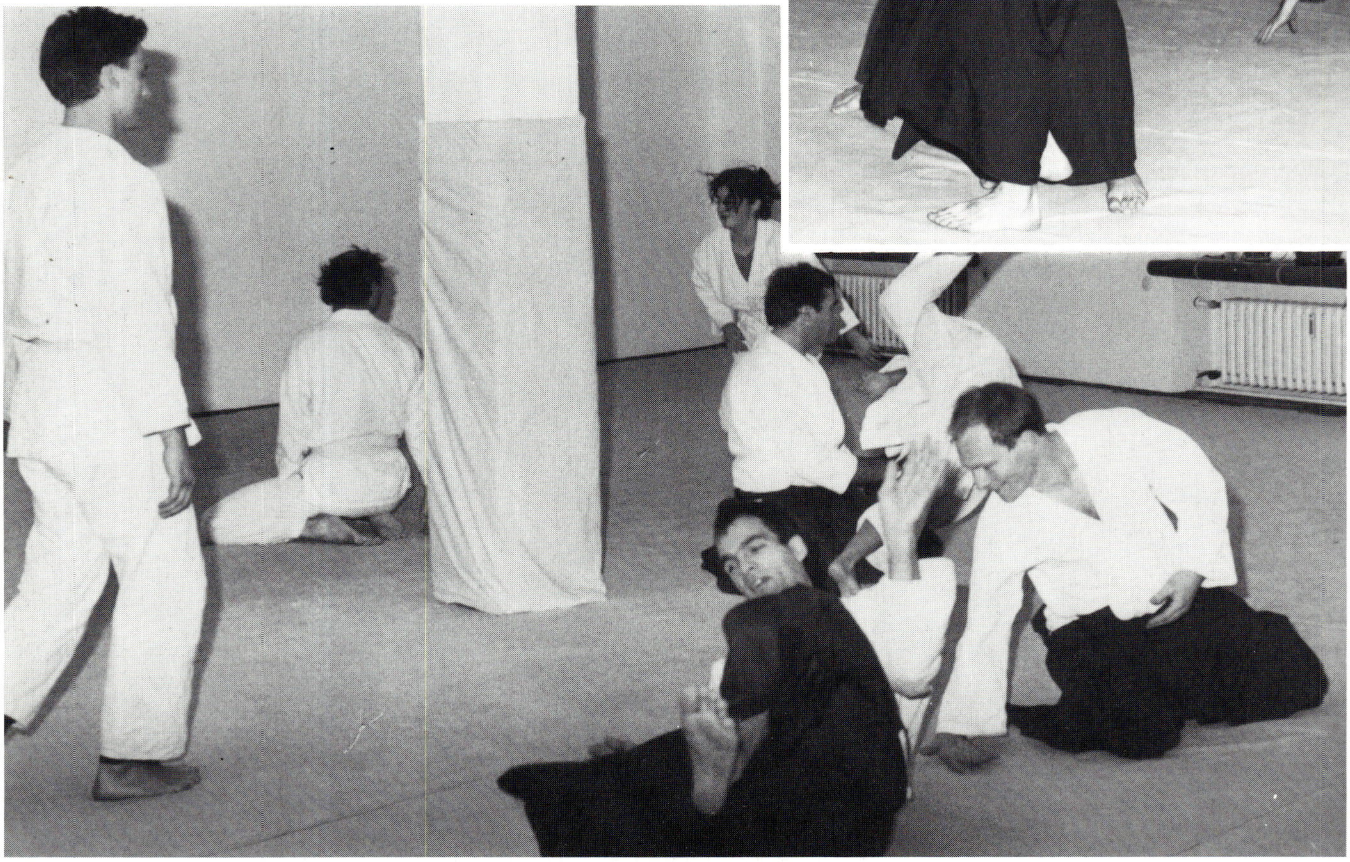

Ikkyo

— Ushiro ryo kata dori —

Sankyo ura waza

– Ushiro katate kubi shime katate dori –

Techniken auf den Knien
– Suwari waza –

Ikkyo omote
Ikkyo ura

– Shomen uchi –

Suwari waza Ikkyo

— Shomen uchi —

omote waza ▷

ura waza ▷

Atemi – Schlagtechnik oder mehr?

Atemi waza sind die Schlagtechniken in einer Aikido-Bewegung.

Diese Schläge, durchgeführt oder nur angedeutet, stören die Energie eines Angriffs. Der Angreifer muß auf Atemi reagieren, sei es auf den körperlichen Kontakt oder reflexartig, bevor überhaupt die eigentliche Berührung stattgefunden hat.

Diese Reaktionen sind für den Angreifer nicht kontrollierbar, sein Ki verliert für einen kurzen Moment das Zentrum. Dadurch gelingt es dem Verteidiger, die Angriffsenergie zu kontrollieren.

Atemi ist ein wichtiges Element im Aikido, dessen Bedeutung nicht unterschätzt werden darf. Manche Technik ist erst durch den Einsatz von Atemi möglich. Es bleibt dem Verteidiger überlassen, ob er durch Atemi zerstört oder es zur Kontrolle des Partners benutzt.

Gesamtübersicht der Aikido-Techniken

Es würde den Rahmen dieses Buches bei weitem übersteigen, wenn alle möglichen Kombinationen von Aikido-Techniken und Angriffsformen dargestellt würden. Wir haben uns darauf beschränkt, einige besonders charakteristische Aikido-Bewegungen darzustellen, die sicher Anhaltspunkte geben, aber die Unterweisung im täglichen Training nicht ersetzen können.

Nage waza – Wurftechniken

Nage waza Wurftechniken	Shiho nage*	Irimi nage	Kote gaeshi	Kaiten nage	Tenchi nage	Koshi nage	Kokyu nage
1. Aihanmi katate dori		S. 134					
2. Gyakuhanmi katate dori	S. 62	S. 70	S. 76	S. 80	S. 82	S. 88	S. 92
3. Kata dori [men uchi]	S. 136		S. 138				
4. Mune dori							
5. Shomen uchi	S. 140			S. 142			
6. Yokomen uchi		S. 144					
7. Chudan tsuki							S. 146
8. Ushiro katate eri dori [men uchi]							
9. Katate ryote dori							
10. Ryote dori	S. 150				S. 148		
11. Ryo hiji dori							
12. Ryo kata dori							
13. Ushiro ryote dori	S. 168	S. 170	S. 172				
14. Ushiro ryo hiji dori							
15. Ushiro ryo kata dori				S. 176			
16. Ushiro katate kubi shime katate dori						S. 178	

(Seitenangaben beziehen sich auf die entsprechenden Abbildungen in diesem Buch.)

* Shiho nage – omote- und ura-Technik

Osae waza – Haltetechniken

Techniken	Ikkyo	Nikyo	Sankyo	Yonkyo	Gokyo
1. Aihanmi katate dori	S. 154				
2. Gyakuhanmi katate dori	S. 98	S. 104	S. 112	S. 118	
3. Kata dori [men uchi]		S. 164			
4. Mune dori	S. 156				
5. Shomen uchi	S. 158				S. 126
6. Yokomen uchi					S. 128
7. Chudan tsuki					
8. Ushiro katate eri dori [men uchi]					
9. Katate ryote dori	S. 160				
10. Ryote dori					
11. Ryo hiji dori					
12. Ryo kata dori		S. 162			
13. Ushiro ryote dori					
14. Ushiro ryo hiji dori					
15. Ushiro ryo kata dori	S. 182				
16. Ushiro katate kubi shime katate dori			S. 186		

Ikkyo, Nikyo, Sankyo und Yonkyo – omote- und ura-Technik

Gokyo – nur Angriffsformen Shomen uchi + Yokomen uchi

Das Dojo

Die Übungsstätte des Aikido ist das Dojo. Der aus dem Japanischen stammende Begriff bezeichnete ursprünglich den Ort, an dem sich buddhistische Mönche zu Meditations- und Atemübungen trafen.

So wie damals ist auch heute das Dojo eine Stätte, die geprägt wird von einem Geist der Besinnung und des Respekts. Wer wahres Budo praktizieren will, kann dies nur in einer entsprechenden Geisteshaltung tun. Konzentration und Aufmerksamkeit sind dazu genauso erforderlich wie die Rücksicht, mit der man allen anderen Übenden begegnet. Ausdruck dafür ist die Verbeugung vor dem Betreten der Matte und vor dem Partner zu Beginn jeder Übung. „Rei“ (Höflichkeit) bestimmt die Atmosphäre eines Dojos.

Vor Beginn des Trainings sitzen Lehrer und Schüler in der traditionellen japanischen Haltung des „seiza". Diese Haltung ist sehr gut geeignet, den Geist zu beruhigen und den Körper zu entspannen. Wichtig sind dabei der gerade Rücken und die konzentrierte Verlagerung des Schwerpunkts in den Unterleib, verbunden mit einer bewußten Vertiefung der Ein- und Ausatmung.

Aikido-Gymnastik

Spezielle Handgelenkübungen

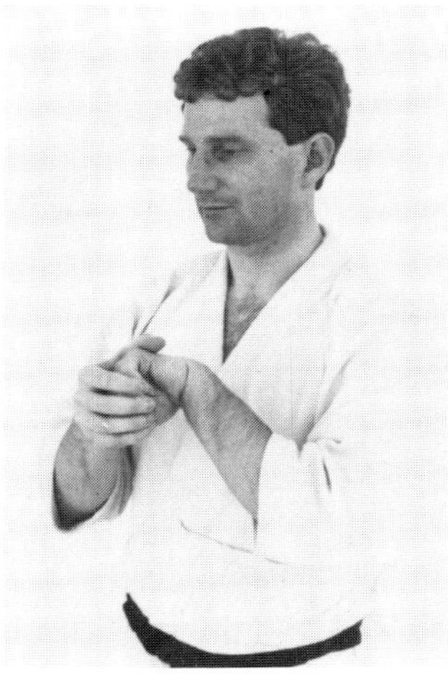
Nikyo

Kote gaeshi

Sankyo

Haishin undo

Aikido und der Geist des Bushido

Von Roger Schnapka

Wer sich mit Aikido beschäftigen, es vielleicht praktizieren will, kommt nicht umhin, sich auch Japan zu nähern. Er muß wissen, daß er sich in seiner Trainingspraxis auch mit den historischen Idealen dieses Landes – seien sie je verwirklicht worden oder immer Traum geblieben – beschäftigt. (Dabei mag manchem Aikidoka deutlich werden, daß die moralische und seelische Kraft dieser Ideale in der europäischen Vergangenheit durchaus ihre gleichwertigen Entsprechungen findet!) – Leicht unterliegt der dem dualistischen Denken verhaftete moderne Mensch einer schnellen Reaktion; hier schroffe Ablehnung, dort kritiklose Mystifizierung asiatischer Lebensweisheit. Da beide Extreme eine wirkliche Aikido-Praxis unweigerlich verhindern würden, ist es sinnvoll, Japans Vergangenheit und die Rolle des Kriegers (Bushi) sowie das Ideal des Bushido (Weg des Kriegers) kurz zu untersuchen. Jinmu wurde Japans erster Kaiser genannt. Jin = Gott, Mu (Bu) = Kampf. Krieger und Gott in einem, war er der Kaiser des Landes der Kriegskunst. Der Krieger aber sollte nicht plumper Zerstörer, sondern vom Geist geleiteter Bewahrer, ja Schöpfer, sein. Der Geist des Kriegers (bushi) sollte der Geist des ganzen Landes sein.

Zum legendären Meister Miyamoto Musashi kam eines Tages ein berühmter Samurai, der bei dem größten Schwertmeister seiner Zeit den wahren „Weg des Schwertes“ erlernen wollte. Musashi nahm ihn auf und bat ihn, Holz zu holen und zu spalten. Sodann mußte er von einer fernen Quelle Wasser herbeischleppen. So verging Tag für Tag, Monat für Monat. Drei lange Jahre übte der Samurai, ohne zu klagen. Dann aber konnte er sich nicht länger zurückhalten und fragte den Meister: „Was für eine Art von Training ist das eigentlich? Seit drei Jahren habe ich mein Schwert nicht mehr berührt. Meine Tage vergehen mit Holzhacken und Wasserholen. Eure Technik habt Ihr mir nicht gezeigt!“ „Nun gut“, antwortete Musashi, „wir werden heute mit der Technik beginnen.“

Er ging mit ihm ins Dojo (Trainingsraum, eigentlich: „Ort der Erweckung“) und bat ihn, am äußersten Rand der dort liegenden Tatami (Matten) entlang zu laufen, Schritt für Schritt, ohne einen Fehltritt zu tun. – Also umkreiste der Schüler das Dojo immer auf dem schmalen Rand der Tatami – ein Jahr lang. Dann hielt es ihn nicht länger: „Ich bin ein erfahrener Krieger und habe nun schon viele Meister getroffen, doch keiner hat mich so unterrichtet wie Ihr! Bitte, zeigt mir nun den wahren „Weg des Schwertes“. „Gut“, entgegnete ihm der Meister gelassen.

Zusammen gingen sie weit in die Berge bis an eine wilde Schlucht von wirklich erschreckender Tiefe. Nur ein querliegender Baumstamm verband beide Seiten.

„Nun denn“, sprach Musashi, „geh hinüber!“ Völlig irritiert zögerte der Schüler vor dem Abgrund und wußte nicht mehr, was er tun sollte. Da hörten sie hinter sich – tak, tak, tak – das Geräusch eines Blindenstockes. Ohne die zwei Samurai zu bemerken, überquerte der Blinde, dem Geräusch seines Stockes folgend, auf dem Baumstamm die Schlucht. Musashi sah seinen Schüler an und sagte: „Ein Jahr lang bist du auf dem Rand der Tatami gelaufen, der schmaler ist als dieser Baumstamm. Also geh nun hinüber!“ Der Samurai verstand und überquerte die Schlucht in einem Stück. Er hatte Musashis Konzept schlagartig begriffen: drei Jahre Training für den Körper, ein Jahr Konzentration für eine Technik – Laufen auf kleinstem Raum – und schließlich für den Geist die Begegnung mit dem Tod, der am Abgrund drohte.

Es sind alte Geschichten dieser Art, die auch heute noch sehr direkte Informationen über den japanischen Kulturkreis vermitteln. In der Selbstverständlichkeit, mit der sogar Meister ihres Faches sich wieder in die Rolle des Schülers begeben, wenn sie einem Größeren begegnen, zeigt sich sowohl Suche nach dem „wahren Weg“ als auch praktische Lernbereitschaft. Als Voraussetzung für diese Lernbereitschaft – und dies belegen die vielfältigen Anekdoten über die Meister-Schüler-Begegnung immer wieder – gilt in jedem Fall das Abtöten des Ego.

Für den Abendländer ist es bekanntermaßen schwer, sich einer Tätigkeit zuzuwenden, ohne nach ihrer Nutzanwendung zu fragen, ja oft ist es der erwartete Nutzen (Profit), der ihn die Tätigkeit ertragen läßt. Auch eine subjektiv angenehme Verrichtung wie die Blumensteckkunst Ikebana (eigentlich: ka-do, „Weg der Blüten“) wäre in diesem Sinne allein deswegen interessant, weil das erstrebte Resultat von filigraner Schönheit sein wird. Gleiches gilt für die Teezeremonie (cha-do) oder die Benutzung parfümierten Räucherwerkes aus Sandelholz (ko-do), die ganz direkt körperliches Wohlbefinden hervorrufen können.

Und doch sind diese angenehmen Resultate für den traditionellen Japaner unwesentliches Beiwerk. Die wahre Antriebskraft ist ihm die Vereinigung dreier Komponenten, die durch den Menschen zusammengebracht werden können: Technik (waza), Energie (ki) und Geist (shin). Dabei ist Technik die Basis, über die es sich aber nicht zu sprechen lohnt, weil sie einfach selbstverständlich sein muß. Ihre Formen sind vielfältig und austauschbar, „ki“ und „shin“ dagegen grundsätzlicher Natur. Ki ist der Fluß des Lebens selbst, die Lebensenergie, die der Japaner im menschlichen Körper mit dem Unterbauch (kikai: „Meer der Energie“) verbindet. Energie ist nichts anderes als durch ki in Bewegung gesetzte Form (Materie). Mit dem Tode fließt das individuelle ki zurück in den Kosmos, aus dem es ursprünglich kommt.

Shin, der Geist, ist sicherlich die dominierende Komponente dieser japanischen „Trinität“. Es ist das rechte Bewußtsein in absoluter Harmonie mit dem Körper, wodurch erst die vollständige Konzentration möglich wird. Konzentration wird dabei als Fähigkeit verstanden, das ki (also die Energie) in eine einzige Handlung zu legen. Dieser Idealfall kann nur dann erreicht werden, wenn das, was geschieht, ohne Absicht, Zielvorstellung oder gar Streben nach Profit erfolgt.

Der Geist der Vergangenheit ist — und dies bezieht sich keineswegs nur auf Äußerlichkeiten — auch im heutigen Japan noch sehr lebendig. Immerhin mehr als tausend Jahre lang war das Schwert — Nippon-To — die Seele Japans. (Noch heute gibt es keinen Stahl, der den der mittelalterlichen japanischen Schwerter übertrifft!) Im Schwert finden sich alle philosophischen Tendenzen und wichtigen Glaubensrichtungen Japans vereint. Der Shintoismus bestimmt das Schmieden der Klinge — Elemente des Himmels und der Erde werden durch den Menschen zusammengefügt. Nach den Reinigungsriten schmilzt der Schmied das Eisen aus der Erde heraus und kämpft (durch korrekte Anwendung von Feuer, Luft und Wasser) um die perfekte Harmonie der Elemente, durch die allein seine Kreation Bestand haben kann. Später wird dieses Schwert dazu dienen, die konfuzianischen Prinzipien des Rechts und der sozialen Struktur durchzusetzen. Und der Samurai schließlich, der das Schwert anwendet, wird von taoistischen und buddhistischen Prinzipien geleitet werden.

Das historische Japan basierte auf einer Klassengesellschaft, in der die Geburt unwiderruflich über die Klassenzugehörigkeit entschied — mit einer Ausnahme! Ein Angehöriger der Samuraikaste konnte zum Schwert- oder Rüstungsschmied werden, ohne die Samurai-Würde zu verlieren. Zeigt sich hier schon der soziale Strukturen beherrschende Wert des Schwertes, so wird er noch eindrücklicher, wenn man weiß, daß im 13. Jh. sogar ein Kaiser (Gotoban) selbst Schwerter schmiedete. Er versammelte die bedeutendsten Schmiede seiner Zeit am Hof, und noch heute gehören die Schwerter dieser Periode (Goban-kaji) zu den besten, die je gefertigt wurden.

Doch auch die wertvollste Klinge konnte bestenfalls eine materielle Kostbarkeit sein, wenn sie nicht durch die Hand des Meisters zum Leben gebracht wurde. Und das ist ganz wörtlich zu verstehen, denn der Japaner unterscheidet zwischen Satsu Jinto („Schwert, das tötet, das Leben nimmt") und Katsu Jin Ken („Schwert, welches Leben gibt").In beiden Fällen ist es ein und dieselbe Klinge, der Unterschied liegt allein im Geiste dessen, der das Schwert führt. Für den wahren Samurai ist es das höchste Ziel, den Wunsch zum Töten in sich zu überwinden. Mit diesem Sieg über sich selbst wird das Leben eines anderen Menschen gerettet, ihm wird Leben gegeben. Freilich — und dort zeigt sich die Härte traditioneller fernöstlicher Charakterbildung —, Katsu Jin Ken kann niemals wirklich praktiziert werden, wenn nicht vorher die Fähigkeit zu Satsu Jinto erarbeitet worden ist. Diese Arbeit an sich selbst nennt der Japaner „do" (Weg).

Noch bis zum Ende des Zweiten Weltkrieges galt als Essenz der japanischen Erziehung: bushi-do, der Weg des bushi (Samurai). Bushi, der dem Tod Trotzende, der Mann, der sein Leben im Dienste einer höheren Loyalität ohne Bedauern hergibt. Und erst die Perfektion in „bu" (Kampfesmethoden) führt zum bu-do: den Tod zu akzeptieren und dadurch den Sinn für das Leben zu wecken. Für den wahren bushi gibt es weder Sieg noch Niederlage, weder Wettkampf noch Streit.

Aikido-Adressen

Aikido-Schulen

Düsseldorf: Aikido-Schule
Katsuaki Asai
Augustastraße 36
4000 Düsseldorf 30
Telefon: 02 11/46 22 36

Berlin: Aikido-Zen Institut
Gerhard Walter
Mehringdamm 57
1000 Berlin 61
Telefon: 0 30/6 93 85 84

Bremen: Aikido Institut
Rüdiger Keller
Grundstraße 10
2800 Bremen 1
Telefon: 04 21/70 42 02

Köln: Aikido-Schule
Jürgen Klages & Dirk Kropp
Kolpingstraße 34
5030 Hürth-Efferen
Telefon: 0 22 33/6 61 59

München: Aikido Institut
Adriano Trevisan
Preysingstraße 28
8000 München 80
Telefon: 0 89/4 48 58 46

Anschrift des Verfassers:

München: Aikido München
— Aikido-Schule Heinz Patt —
Müllerstraße 42
8000 München 5
Telefon: 0 89/26 58 87

Verbände:

Europäische Aikido Federation
Andre Gonze
9, rue de Tavaux
F-57430 Sarralbe
Telefon: 87 97 00 82

Aikikai Deutschland e.V.
K. F. Leisinger
Berghamsweg 72
4470 Meppen/Ems
Telefon: 0 59 31/1 65 23

Adressen — Aikido in Deutschland

Stand 1986: (Weitere Adressen können bei den jeweiligen Verbänden erfragt werden.)

Berlin Aikido-Schule	Ingo Beardi	Akazienstr 28	1000	BERLIN 62	030/88131999
Berlin Aikido-Dojo	Wolfg. Glitscher	Regensburgerstr. 30A	1000	BERLIN	030/244327
Berlin Aikido-Schule	Hans Kretschmer	Forsterstr. 37	1000	BERLIN 36	030/6181801
Hamburg Aikido-Schule	Lothar Droischt	Annenstr. 22	2000	HAMBURG 4	040/315399
Uetersen TSV 1898	Bernd Schacht	Kleiner Ring 7a	2055	HEIST	04122/81593
Hamburg TSV Reinbek	Joachim Penopp	Am Kolk 67	2057	REINBEK	040/7221723
Elmshorn Judoclub	Fredy Jahr	An d. Klosterkoppel 8	2081	UETERSEN	04121/82165
Oldenburg Aikikai	Wolfg. Sambrowski	Lindenstr. 11	2900	OLDENBURG	0441/591653
Hannover AikidoSchule	Kenji Hayashi	Hildesheimerstr. 7	3000	HANNOVER	0551/281919
Hannover Aikikai	Martin Bergau	Berkowitzweg 4	3000	HANNOVER	0551/6479723
Göttingen Aikido-Zen	Detlef Schmiester	Karl-Marx-Str. 84	3400	GÖTTINGEN	0551/600283
Kassel Aikido-Zen	Regula Pfeiffer	Lange Str. 21a	3500	KASSEL	05665/53405
Marburg Aikikai	Rafael Sambale	Frankfurter Str. 4b	3550	MARBURG	06421/27201
Marburg Aikikai	O. Schillerwein	Universitätsstr. 62	3550	MARBURG	06421/27858
Oberhausen Aikikai	Michael Schüll	Friedensplatz 2	4200	OBERHAUSEN	0208/682826
Münster Aikido-Schule	Günter Riewe	Scheibenstr. 77	4400	MÜNSTER	0251/76356
Münster Aikikai	Wolfgang Weber	Maximilianstr. 24	4400	MÜNSTER	0251/271315
Meppen Aikikai	K. F. Leisinger	Berghamsweg 72	4470	MEPPEN	05931/16523
Osnabrück Eversburg	Hans Bruning	A. d. Petersburg	4500	OSNABRÜCK	0541/571452
Bochum Universität	Christoph Biele	Munscheiderstr. 100	4630	BOCHUM 6	02327/74404
Gelsenkirchen Aikikai	Jürgen Schuschke	Kirchstr. 2	4650	GELSENKIRCHEN	0209/29878
Hamm TSG Germ. Hamm	Manfred Billinger	Brückenstr. 12	4700	HAMM 1	02381/22249
Bielefeld Sportschule	Volker Kretschmer	Grenzweg 41b	4317	LEOPOLDSHOEHE	05202/82408
Aachen Aikido-Schule	Helmut Weiss	Gertrudisstr. 41	5000	KÖLN 40	02234/71164
Köln Bushido	Heinz Wild	Soldinerstr 35	5000	KÖLN 71	0221/795477
Köln Aikido-Schule	Klaus Petermann	Steinrutschweg 21-25	5000	KÖLN 91	0221/891080
Erkelenz Budo-Club	Hans Peter Esser	Stettinerstr. 4	5140	ERKELENZ 1	02436/2346
Bonn Aikikai	Th. Christaller	Venusbergweg 13	5300	BONN 1	0228/220320
Bonn -Brotfabrik-	Dieter Schöck	Paulstr. 25 a	5300	BONN 1	0228/651100
Trier Aikikai	Michael Seibold	Jakobstr. 21	5500	TRIER	0651/42804
Siegen Aikido	H. Kleinert	Sieghütter Hauptweg9	5900	SIEGEN	0271/42379
Darmstadt Aikikai	Bernd Baumgarten	K. Schumacher Ring 38	6087	BÜTTELBORN	06151/81735
Frankfurt Aikido-Zen	Ottmar Gendera	Alt Nied 2	6230	FRANKFURT 80	069/398871
Mainz Aikikai	Gerold Jäpel	Mombacherstr. 87	6500	MAINZ 1	06131/383246
Neheim-Huesten Aikido	Manfred Blume	Dreihausenerweg 15	6760	ARNSBERG 1	02932/1450
Heidelberg Aikikai	Berthold Richter	Klausenpfad 16	6900	HEIDELBERG	96221/43676
Ingersheim Aikikai	Jürgen Rohrmann	Neckarstr. 2	7121	INGERSHEIM 2	07142/20080
Murrhardt Aikikai	Gerhard Kurz	Bahnhofstr. 24	7157	MURRHARDT	07192/7845
Karlsruhe Budo Club	Wolfgang Haller	Enzstr. 31	7500	KARLSRUHE	0721/886730
Oberkirch TTC	Gerhard Wöhrle	Landstr. 2a	7602	OBERKIRCH 5	07802/1844
Konstanz Aikikai	Ursula Herrmann	Werner Sombartstr. 20	7750	KONSTANZ	07531/55210
Freiburg Aikikai	Werner Steinhaus	Gewerbestr. 63	7803	GUNDELFINGEN	0761/580717
Säckingen Aikikai	Klaus Maier	Margarethenweg 4	7880	BAD-SÄCKINGEN	07761/7837
Herrischried Aikikai	Gerd Kronberg	Quellenweg 4	7880	HERRISCHRIED 4	07764/226
Ulm Aikikai	Chr. Vogelmann	Wicherweg 1	7910	NEU-ULM-PFUHL	0731/713132
Ravensburg Aikikai	Erich Degreif	Hosskircherstr. 36	7961	KÖNIGSEGGWALD	07587/863
Regensburg Uni-Sport	Rainer Albers	Pürkelgutweg 18a	8400	REGENSBURG	0941/795767
Schwandorf TSV 1880	Siegfried Rupilla	Wacholderstr. 26	8460	SCHWANDORF	
Waldsassen TV 1886	Peter Bauer	Karolinenstr. 20	8595	WALDSASSEN	09632/4399
Bamberg Aikikai	Wolfg. Pagenburg	Kloster Banz Str. 2	8600	BAMBERG	0951/34486
Coburg Aikikai	Herbert Wagner	Pferdsfeld Nr. 6	8621	EBENSFELD	9573/1300
Schweinfurt Aikikai	Winfried Wagner	Friedrich Steinstr. 9	8720	SCHWEINFURT	09721/27494

Europa (Kontaktanschriften)

Schweiz: Schweizer Aikidoverband (ACSA)
Jean-Michel Inabnit
Rue Numa Droz 22b
CH-La Chaux-de-Fonds
Telefon: 0 39/28 79 51

Niederlande: NCA Pierre Geraedts
De Boggard 46
NL-5433 Katwyk-Cuyk
Telefon: 88-5 01 32 96

Luxemburg: Leo Reuter
41, rue P. Wilwertz
2738 Luxembourg
Telefon: 43 43 40

Österreich: Österreichischer Aikidoverband
Hildegard Krug
Lindenhofweg 18
A-8043 Graz
Telefon: 03 16/33 87 74

Frankreich: Aikikai de France
Rue Haddad Simon 2
F-06400 Cannes
Telefon: 93-39 21 39

Belgien: A.C.B.A.
Rue Saint Bernard 136
B-1060 Brüssel
Telefon: 02/5 37 47 62

Glossar

ai – Harmonie, Grundprinzip im Aikido
aikijutsu – Kampfkunst im alten Japan, Vorläufer des modernen Aikido
atemi – angedeutete Schläge gegen wichtige Punkte des Körpers
bushido – der Weg des Kriegers im alten Japan
dan – Meistergrad
dojo – Übungsstätte
hakama – klassisches japanisches Kleidungsstück
hanmi – Grundhaltung
hanmi hantachi waza – der eine Partner kniet, der andere steht
hara – Bauch, Körpermitte oder Zentrum
henka waza – Variationen einer Grundtechnik
irimi – Direkteingang
kaeshi waza – Gegentechniken
ki – Energie (geistig und körperlich)
kokyu – Ausatmung, Atemkraft
kokyu waza – Atemkrafttechniken
kyu – Schülergrad (6–1)
ma ai – Abstand
nage – der Werfende
nage waza – Wurftechniken
omote – Vorwärtsbewegung
osae waza – Haltetechniken
rei – Höflichkeit
seiza – Sitzhaltung im Aikido
sensei – Lehrer
soto – außen
suwari waza – Techniken im Knien
tachi waza – Techniken im Stehen
tai sabaki – Schritt nach vorn und Rückwärtsdrehung
taninzu dori – Techniken gegen mehrere Partner
tenkan – Rückwärtsdrehung
uke – der Angreifer
ukemi – fallen
ura – innen

Nachwort

Eines ist sicher, alleine durch das Lesen eines Buches kann Aikido nicht erlernt werden. Nur ein intensives, sicherlich oft auch anstrengendes Üben, mit vielen Hochs und Tiefs, läßt den Übenden die ganze Schönheit und Tragweite des Aikido erkennen und erleben.

Aikido ist zeitlos. Den Begeisterten kann es das ganze Leben lang begleiten und in allen Lebenslagen nutzen. Jede Befristung bedeutet eine Begrenzung des Aikido und der eigenen Entwicklung. Jedes vermeintlich erreichte Ziel ist eine Fata Morgana. Es sollte klar werden, daß es kein Ziel gibt: „Der Weg ist das Ziel."

Die Arbeit an diesem Buch hat mir viel Freude gemacht.

Ich möchte dieses Buch nicht beenden, ohne all jenen zu danken, die mir geholfen haben:

Hans-Henning Derpa (Texte)
Roger Schnapka (Fotos), Rüdiger Worms (Titelfoto)
Domenico Zucco und Florian Erb (Zeichnungen)
Prof. Yuko Sato (Kalligraphie)

Meine „Ukemis" für die zahlreichen Fotos waren:

Wilhelm Hitzler, Robert Kothe, Albrecht Huber, Jochen Maier, Peter Bruckner

Ohne die uneigennützige Mithilfe der Genannten wäre das Buch nicht entstanden.

München, im Januar 1987 *Heinz Patt*

Literaturhinweise

The Martial Arts
Swordsmanship, Kendo, Aikido, Judo, Karate
Michael Random
Octopus Books Ltd., London 1978

Asian Fighting Arts
Donn F. Draeger, Robert W. Smith
Kodansha International Ltd., Tokyo/New York, 1969

Aikido and the Dynamic Sphere
A. Westbrook and O. Ratti
Charles E. Tuttle Co., Rutland, Vermont & Tokyo, 1970

Aikido in Daily Life
Koichi Tohei
Rikugei. Tokyo, 1966

Aikido
Kisshomaru Uyeshiba
Tokyo, 1963

The New Aikido Complete
Yoshimitsu Yamada
Lyle Stuart Inc., Secaucus, New Jersey, 1982

Aikido – méthode nationale
Nobuyoshi Tamura
Marseille, 1975

Aikido
Nobuyoshi Tamura
Marseille, 1986

Traditional Aikido
Vol. 1–5
Morihiro Saito
Tokyo, 1973